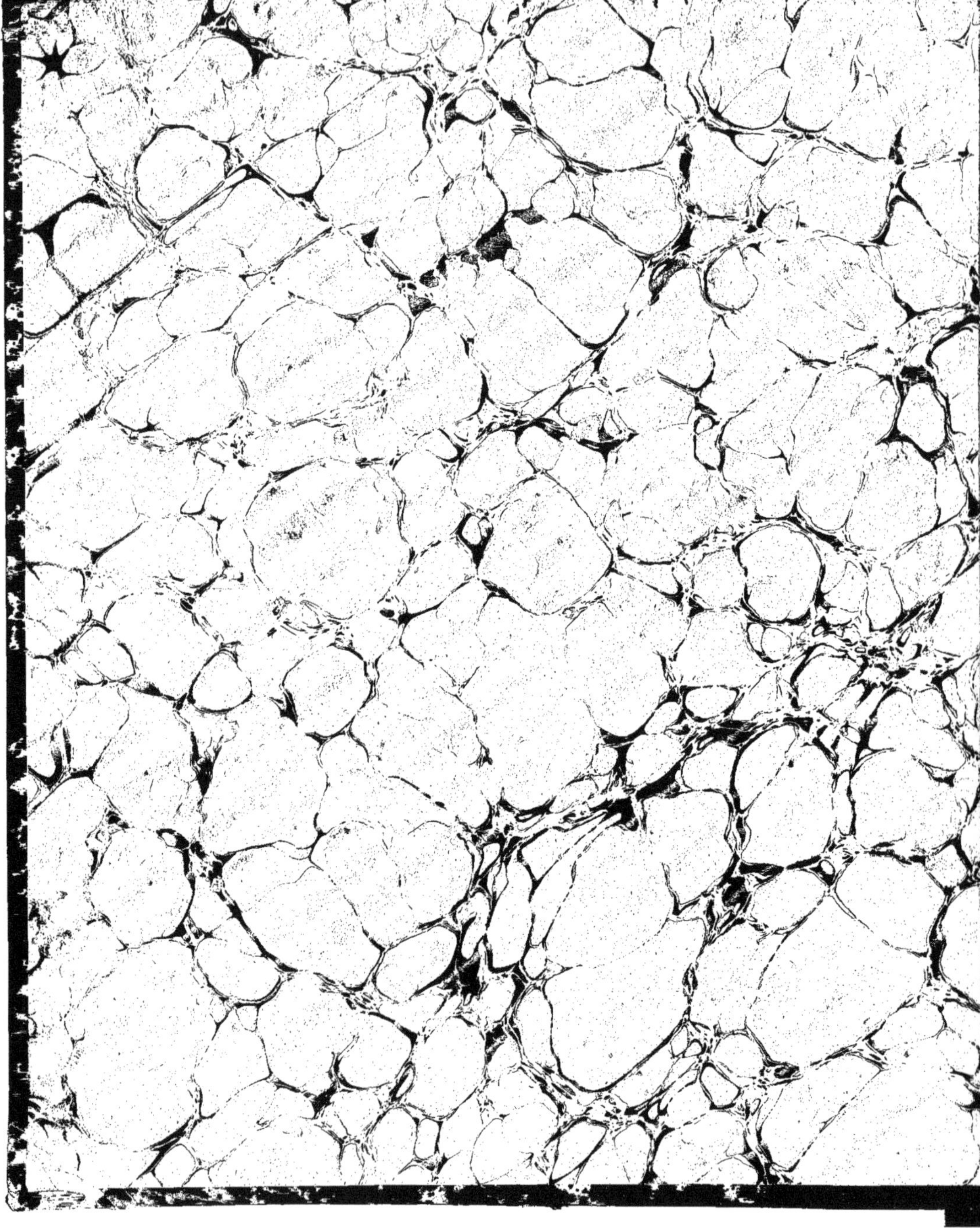

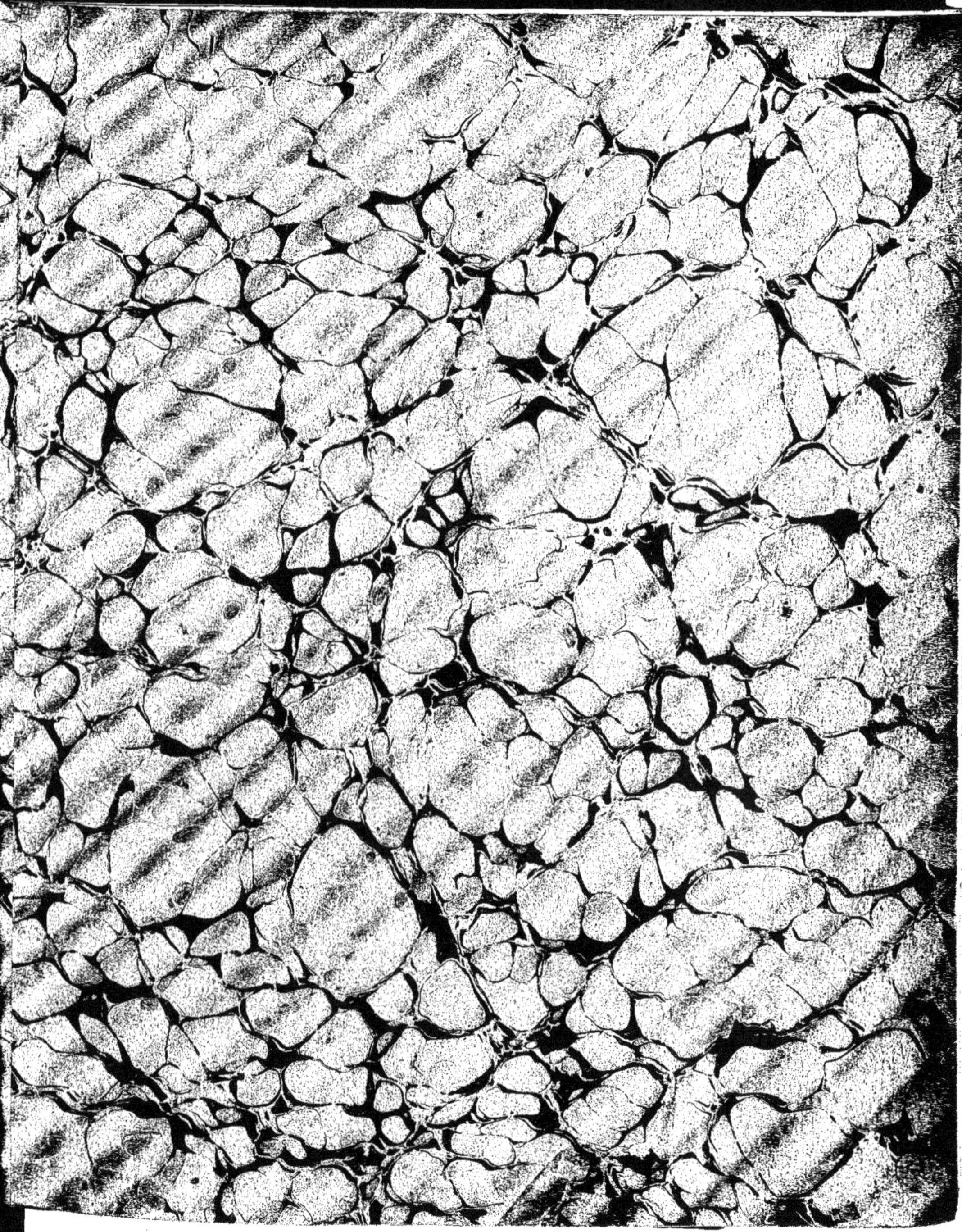

MÉMOIRES

DE LA

SOCIÉTÉ DES ANTIQUAIRES DE PICARDIE

MONOGRAPHIE

DE L'ÉGLISE

NOTRE-DAME

CATHÉDRALE

D'AMIENS

Par **Georges DURAND**,

Archiviste de la Somme,
Président de la Société des Antiquaires de Picardie

ATLAS

AMIENS
IMPRIMERIE YVERT ET TELLIER
37, Rue des Jacobins.

PARIS
LIBRAIRIE A. PICARD ET FILS
82, Rue Bonaparte.

M D CCCC III

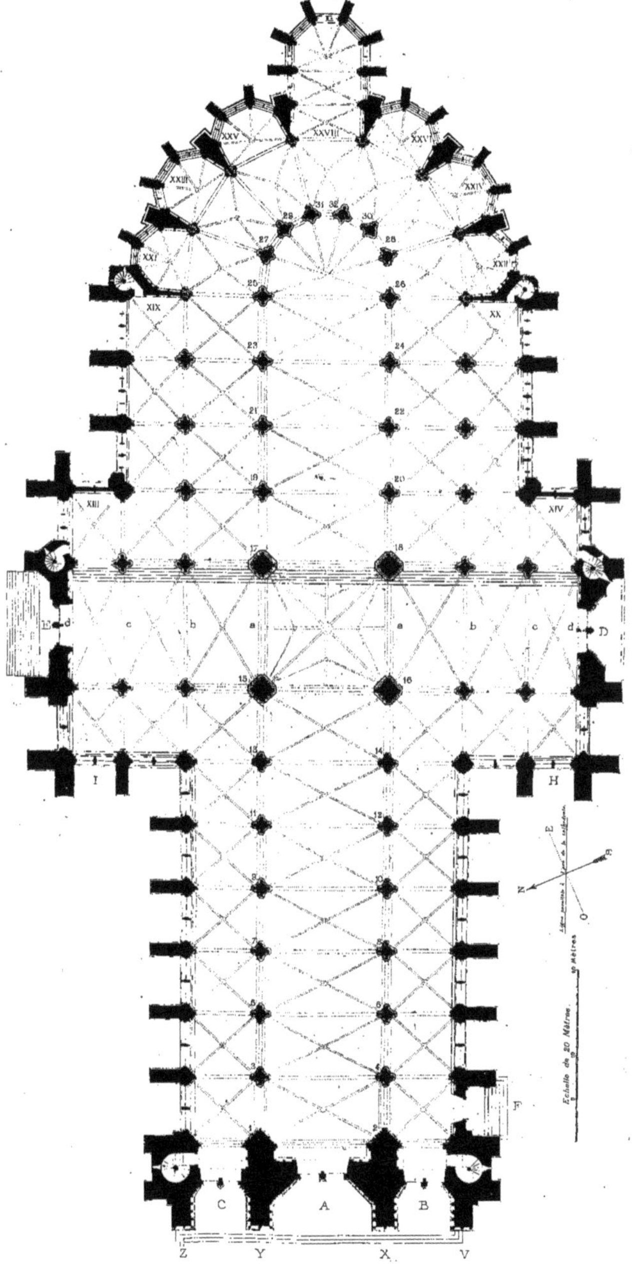

Plan antérieur à 1290

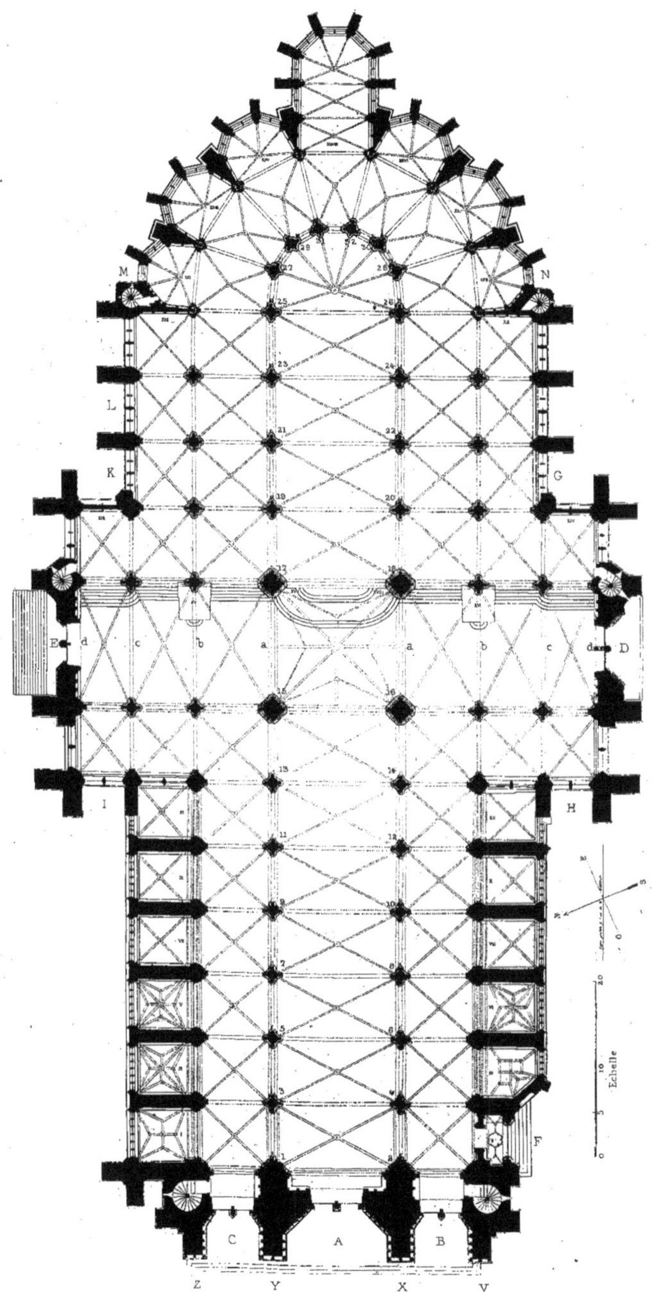

Plan actuel

HÉLIOG. HEUSE

FAÇADE OCCIDENTALE

Relevé exécuté en 1843 par Wiganowski

CATHÉDRALE D'AMIENS

PL.IV

Héliog. Dujardin

FAÇADE OCCIDENTALE

HÉLIOG. J. HEUSE

ÉLÉVATION EXTÉRIEURE DE LA NEF

(Côté Sud. _ État antérieur à 1290.)

COUPE LONGITUDINALE DE LA NEF
(État actuel.)

HÉLIOG. J. HEUSE

COUPE LONGITUDINALE SUR LE TRANSEPT
(Face au Sud. _État actuel.)

HÉLIOG. J. REUSE

COUPE TRANSVERSALE DE LA NEF

(État antérieur à 1290.)

VUE INTÉRIEURE DE LA NEF

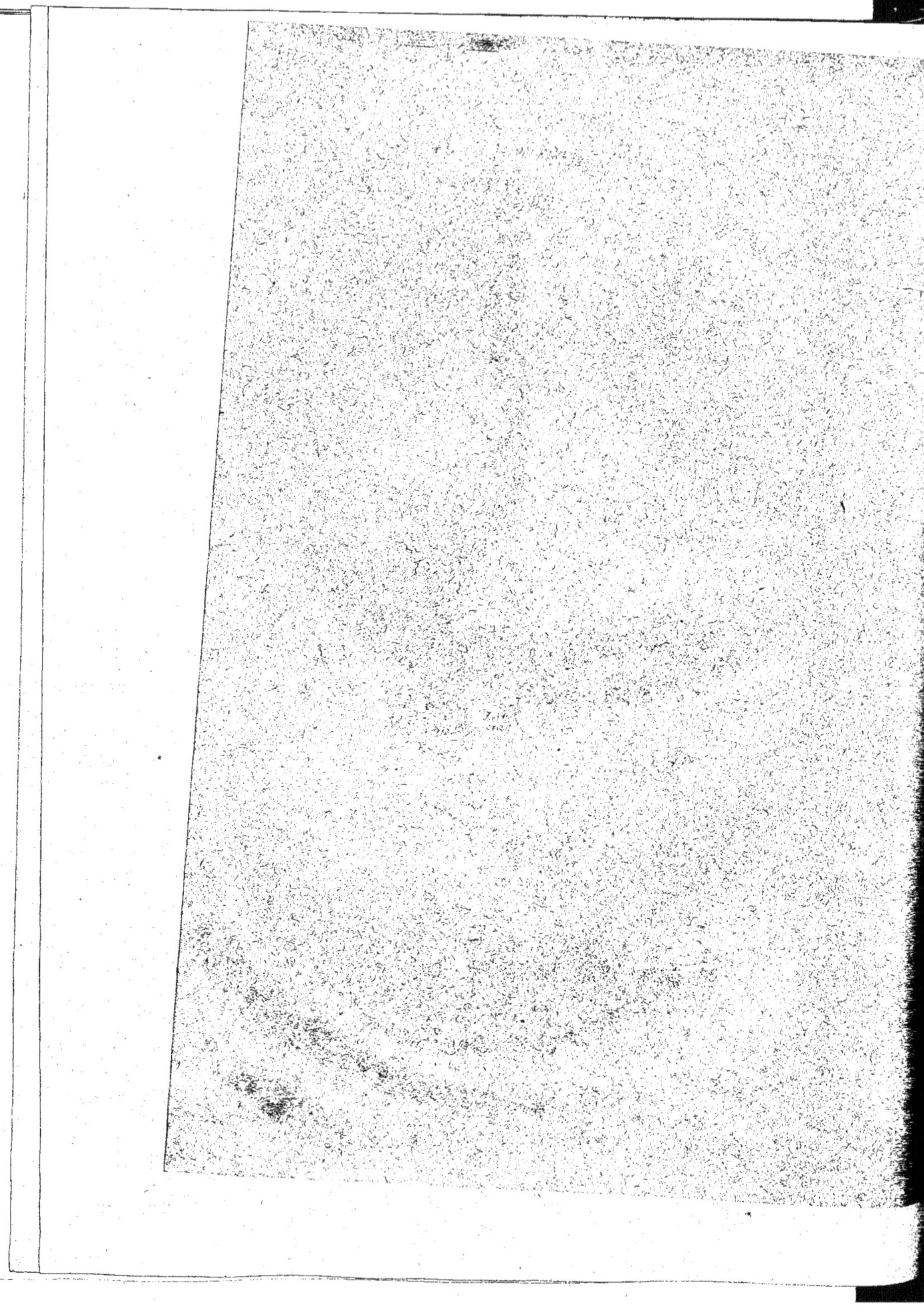

HÉLIOG. P. DUJARDIN

VUE INTÉRIEURE SUR LE TRANSEPT.

VUE INTÉRIEURE DU BAS-CÔTÉ SUD.

CATHÉDRALE D'AMIENS

PL. XII

HÉLIOG. P. DUJARDIN

DÉTAIL DE LA FAÇADE OCCIDENTALE

ARCS-BOUTANTS DE LA NEF
(Côté Nord.)

1 *Travée 16 c d.*

2 *Travée 16 b c*

HÉL. DG. P. DUJARDIN

TRIFORIUM DE LA NEF _ CHAPITEAUX

1

HÉLIOG. DUJARDIN

2

PORTE S^T CHRISTOPHE, (F)_CHAPITEAUX.

HÉLIOG. P. DUJARDIN

VUE EXTÉRIEURE DU CHEVET

ÉLÉVATION EXTÉRIEURE DU CHEVET
(Côté Sud. — État antérieur à 1850)

HÉLIOG. J. HEUSE

COUPE LONGITUDINALE DU CHEVET

(État actuel .)

COUPE TRANSVERSALE DU CHŒUR

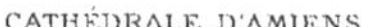

HÉLIOG. P. DUJARDIN

ARCS-BOUTANTS DU CHŒUR

(Côté Sud.)

HÉLIOG. P. DUJARDIN

Travée 20, 22 a.

Travée 21, 23 a.

TRIFORIUM DU CHŒUR _ CHAPITEAUX

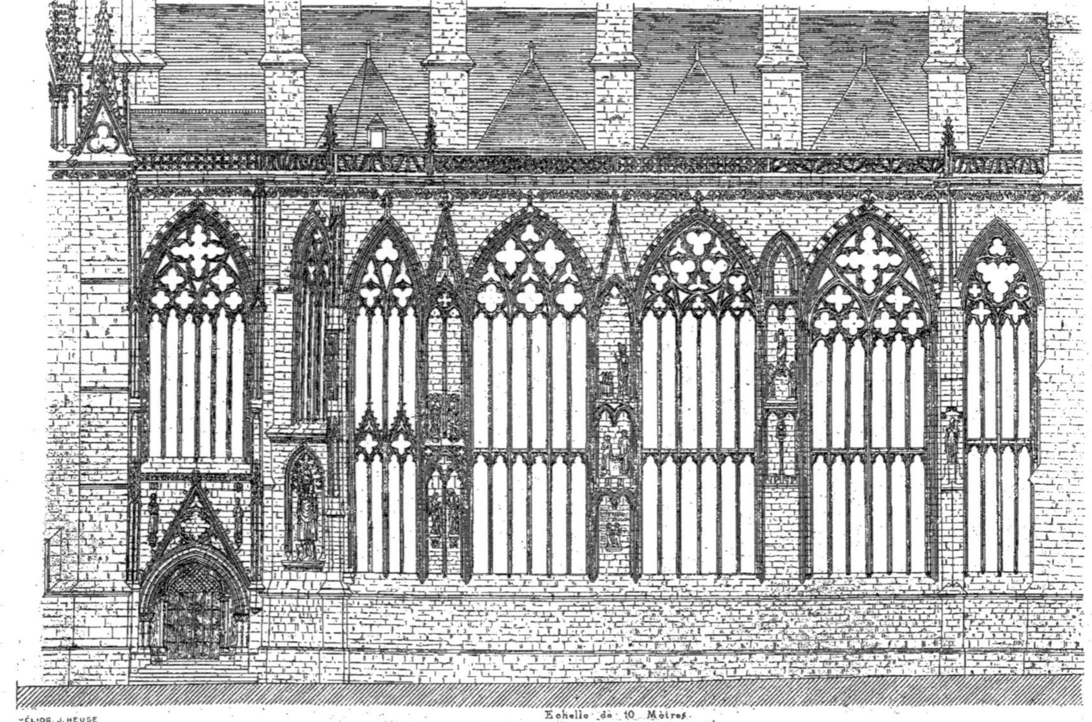

CHAPELLES DE LA NEF

(Côté Sud.)

État antérieur à 1350

HELIOG. P. DUJARDIN

PORTE S^T CHRISTOPHE (F).

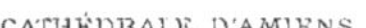

HÉLIOG. P. DUJARDIN

CHAPELLES DE LA NEF

(Coté Nord.)

CHAPELLES DU CARDINAL DE LA GRANGE (I & III)

(Vue extérieure)

STATUES À LA TOUR DU NORD

VUE LATÉRALE, CÔTÉ SUD

PORTE DU SAUVEUR (A)

PORTE DU SAUVEUR (A)

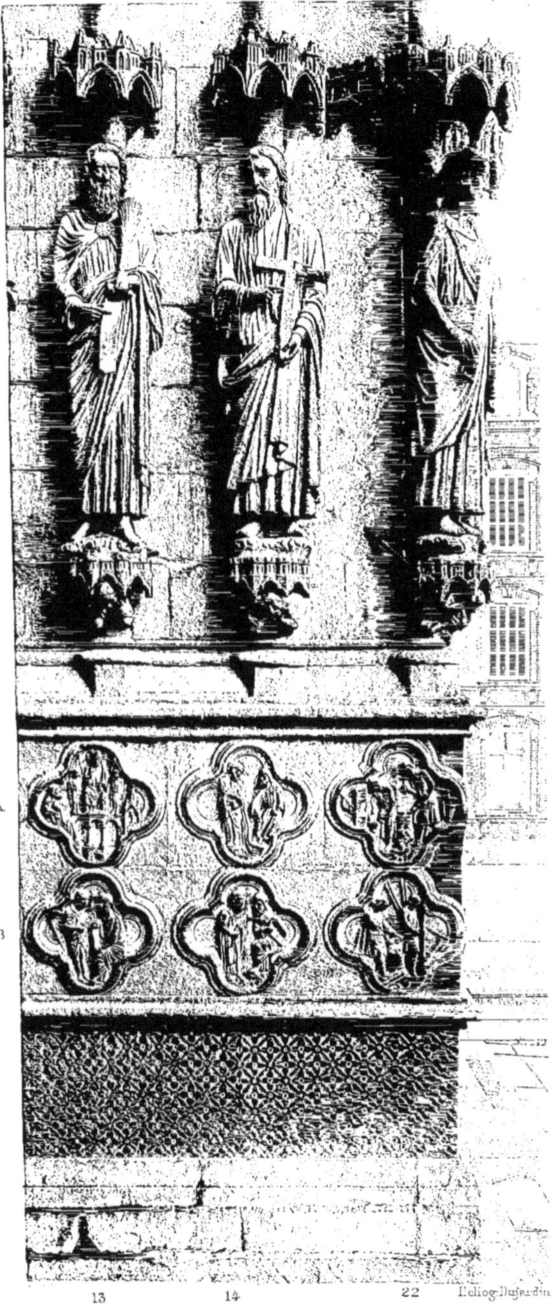

PORTE DU SAUVEUR (A)

PORTE DU SAUVEUR (A)

Héliog. Dujardin

GRAND PORTAIL

Trumeau (V)

Héliog. Dujardin

GRAND PORTAIL

Trumeau (X)

Héliog. Dujardin 25 24 23

GRAND PORTAIL
Trumeau (Y)

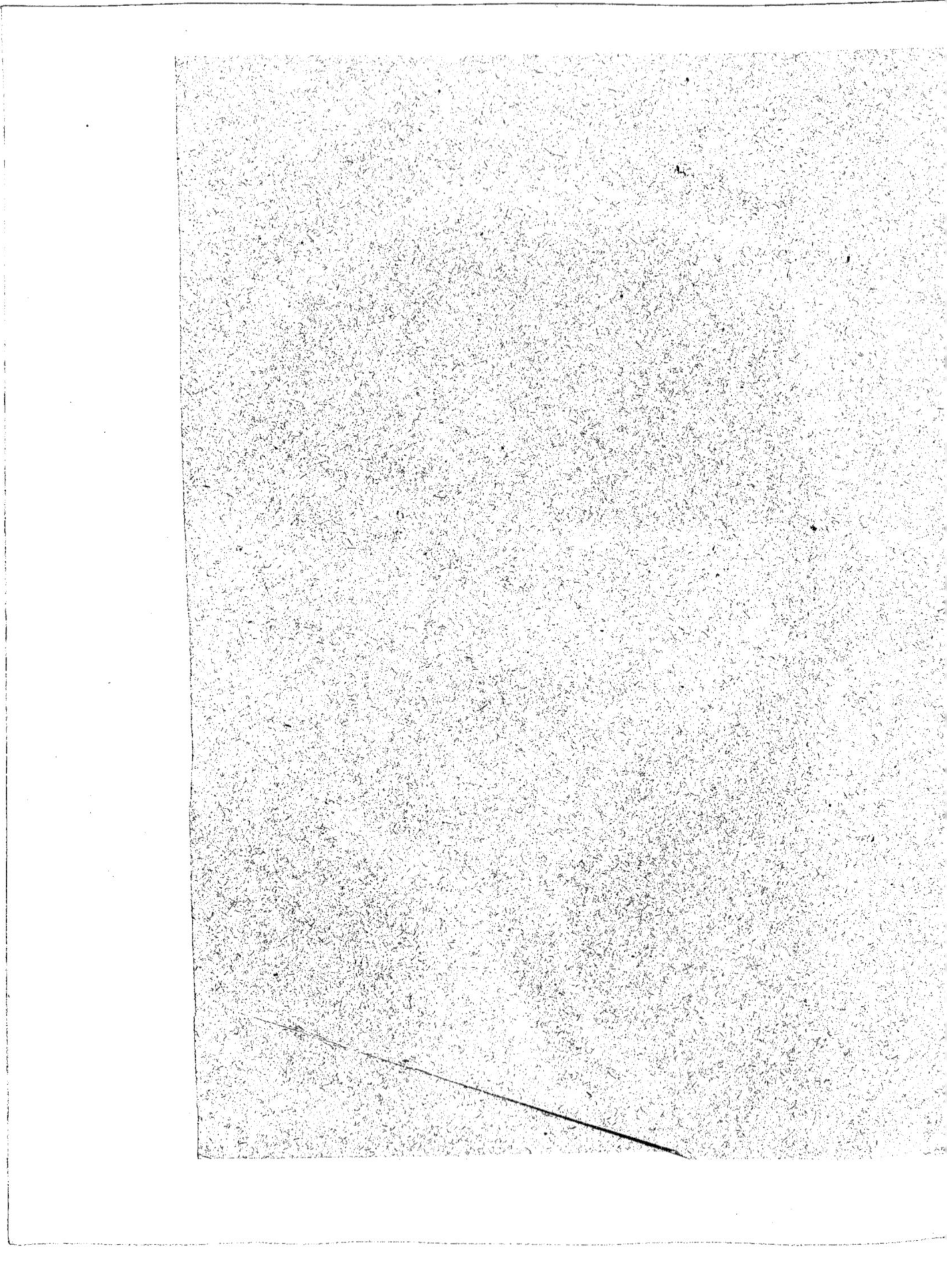

Héliog. Dujardin 28 27 26

GRAND PORTAIL

Trumeau (Z

Hélioɡ Dujardin

PORTE DU SAUVEUR (A)
(Tympan)

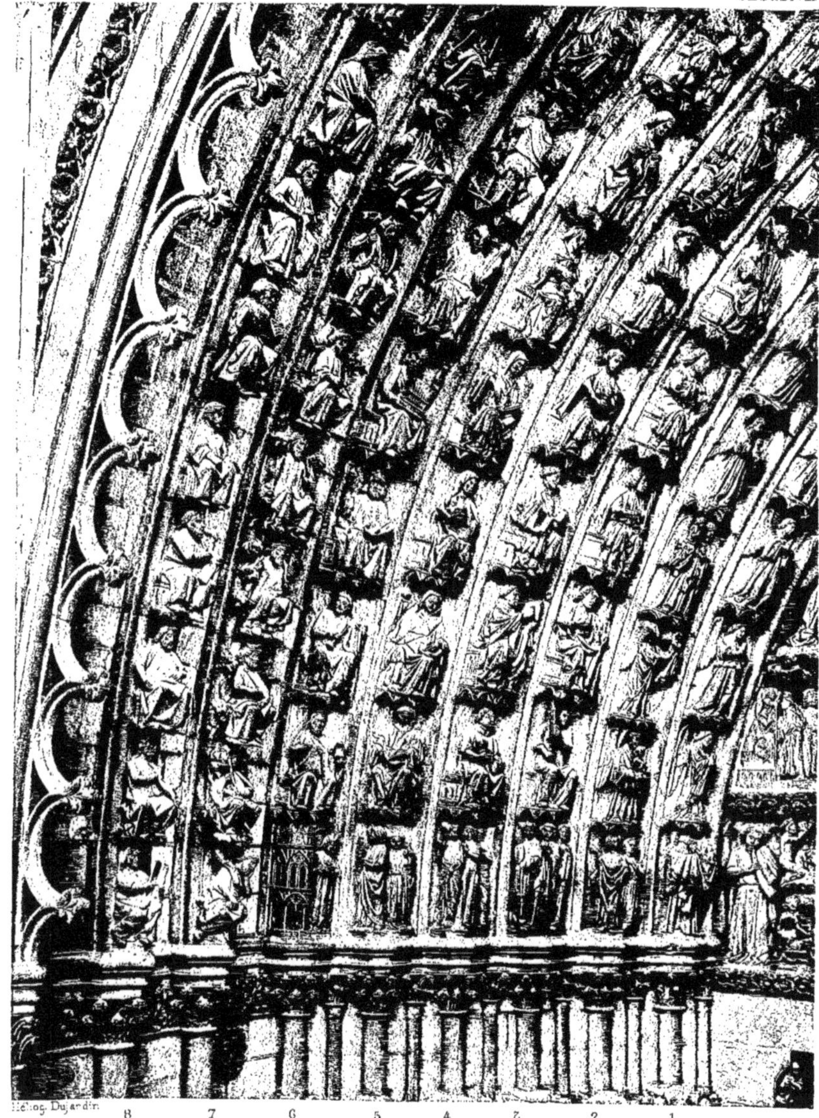

Hélioq. Dujardin

PORTE DU SAUVEUR (A)
(Voussure)

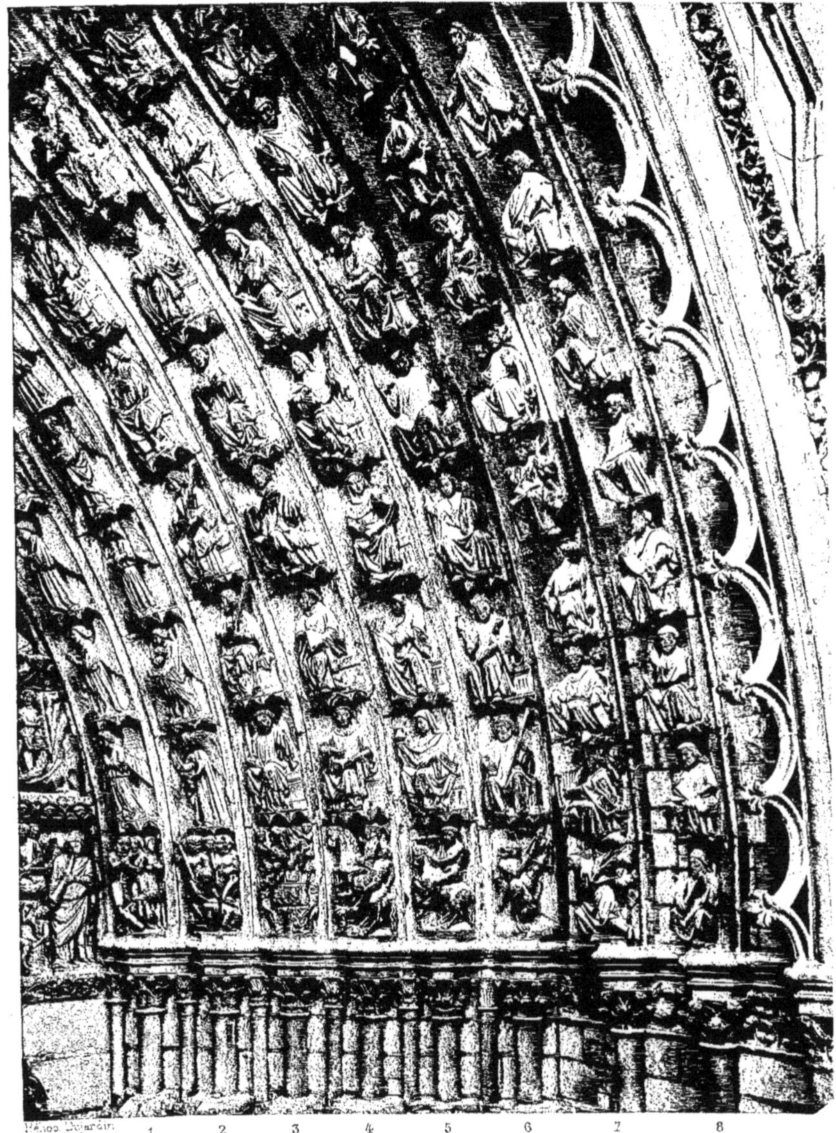

Héliog. Dujardin 1 2 3 4 5 6 7 8

PORTE DU SAUVEUR *(A)*
(Voussure)

Héliog. Dujardin

1

2

TRUMEAUX DES PORTES DE LA MÈRE DIEU ET DE SAINT-FIRMIN

PORTE DE LA MÈRE DIEU (B)

A

B

Helioq. Dujardin. 20 40 39 38 37 36 35

PORTE DE LA MÈRE DIEU (B)

Hélioq. Dujardin.

PORTE DE LA MERE DIEU (B)
(Tympan)

Héliog Dujardin

PORTE SAINT-FIRMIN (C)

PORTE SAINT-FIRMIN (C)

PORTE SAINT-FIRMIN (C)
(Tympan)

Hélioq. Dujardin

PORTE DE LA VIERGE DORÉE (D)

Héliog. Dujardin

PORTE DE LA VIERGE DORÉE (D)

(Linteau)

Helioq. Dujardin

PORTE DE LA VIERGE DORÉE (D)

(Tympan)

CLÔTURE DU CHŒUR _ HISTOIRE DE SAINT FIRMIN

(Travée 18_20 a)

Héliog. Dujardin

CLÔTURE DU CHŒUR _ HISTOIRE DE SAINT FIRMIN

(Travée 20_22 a)

Héliog. Dujardin

CLOTURE DU CHŒUR._ HISTOIRE DE SAINT JEAN-BAPTISTE

(Travée 17 19 a.)

CLOTURE DU CHŒUR _ HISTOIRE DE SAINT JEAN-BAPTISTE

(Travée 19-21 a.)

Héliog. Dujardin

CLOTURE AU TRANSEPT _ LES VENDEURS DU TEMPLE.

(Travée 13 b c)

Phototypie Dujardin

CLÔTURE AU TRANSEPT. — HISTOIRE DE SAINT JACQUES. — TABLES DU PUY

(Travée 14 b. c.)

Héliog. Dujardin.

TOMBEAU DE FERRY DE BEAUVOIR. _ LES APÔTRES

Peinture murale

Héliog. Dujardin

TOMBEAU DE GUILAIN LUCAS, ETC.

Héliog. Dujardin

GRAND ORGUE

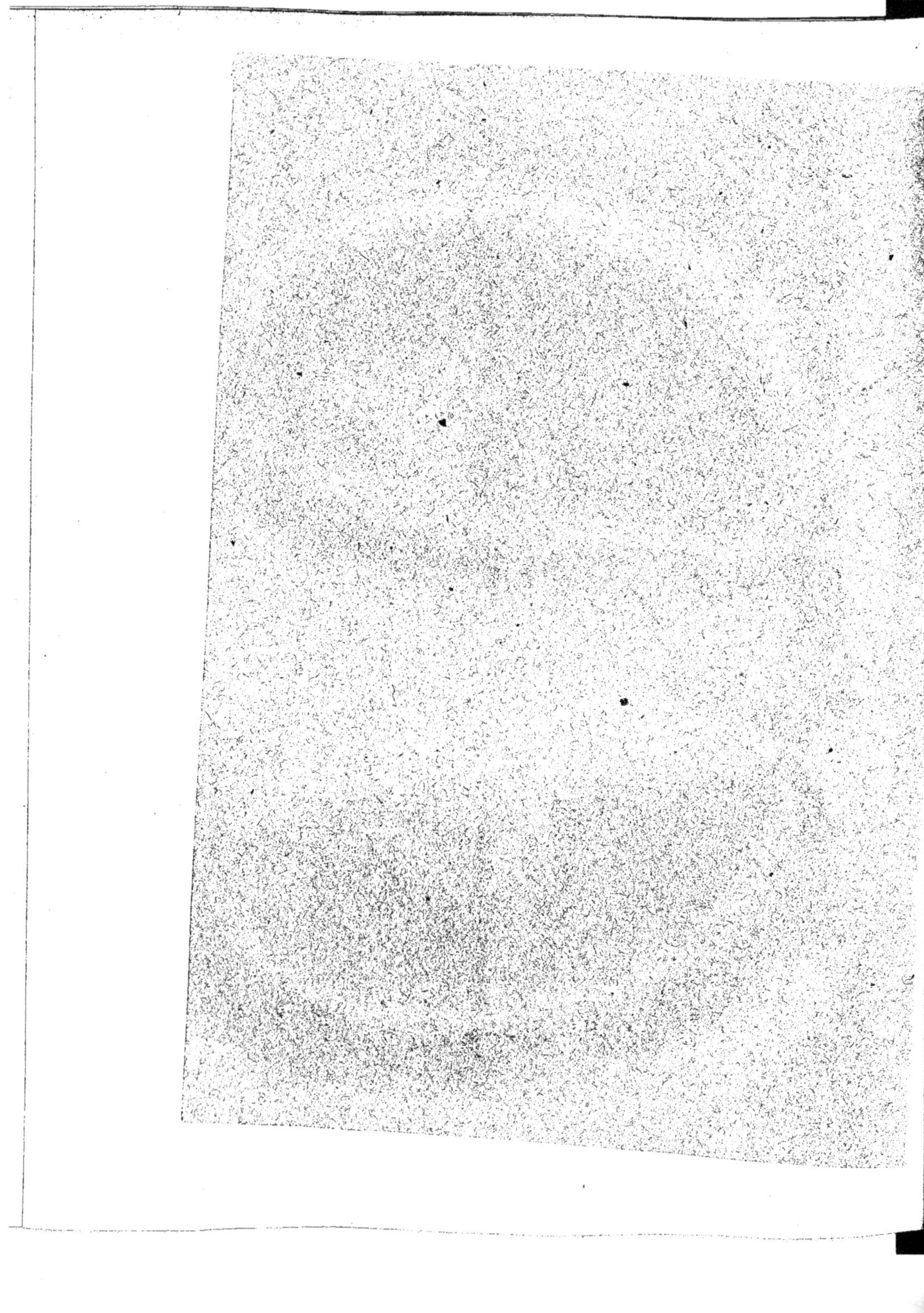

Héliog Dujardin

Y. _ Jouée A. 1.

Z. _ Jouée G. 56.

STALLES

Héliog. Dujardin

Y_ Stalle 1.

Z_ Stalle 56

4 3 2

Héliog. Dujardin

7 6 5

STALLES

Miséricordes et appuie-mains

10 9

8

Héliog. Dujardin

13 12 11

STALLES

Miséricordes et appuie-mains

16 15 14

19 18 17

Héliog. Dujardin

STALLES

Miséricordes et appuie-mains

22 21 20

Héliog Dujardin

25 24 23

STALLES

Miséricordes et appuie-mains

28 27 26

Héliog. Dujardin

31 30 29

STALLES

Miséricordes et appuie-mains

32 33 34

35 36 37

38 39 40

Héliog. Dujardin

STALLES

Miséricordes et appuie-mains

41 42

43 44 45

Héliog. Dujardin

46 47 48

STALLES

Miséricordes et appuie-mains

49 50 51

52 53

54 55

STALLES

Miséricordes et appuie-mains

Héliog Dujardin

57 58 59

Héliog. Dujardin

60 61 62

STALLES

Miséricordes et appuie-mains

63

64 65

Héliog. Dujardin.

66 67 68

STALLES

Miséricordes et appuie-mains.

69 70 71

72 73 74

Héliog Dujardin

STALLES

Miséricordes et appuie-mains

75

76

77

Héliog. Dujardin

78

79

80

STALLES

Miséricordes et appuie-mains

81 82 83

Héliog. Dujardin

84 85 86

86

STALLES

Miséricordes et appuie-mains

89 88 87

92 91 90

Héliog. Dujardin

95 94 93

STALLES

Miséricordes et appuie-mains

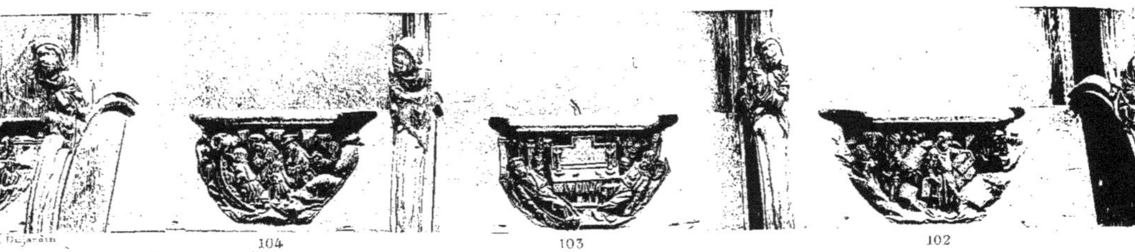

98 97 96

101 100 99

104 103 102

Héliog. Dujardin

STALLES

Miséricordes et appuie-mains

106 105

108 107

Héliog. Dujardin

110 109

STALLES

Miséricordes et appuie-mains

Héliog. Dujardin

Y_Jouée A 1.
(Soubassement)

STALLES

Z._Jouée C 56.
(Soubassement)

2 1

Y _ Rampe B. 55.

RAMPES DES STALLES BASSES

1 2

Z _ Rampe H. 110.

Héliog. Dujardin Paris

Y_Rampe C 52.

Z_Rampe C 51.

RAMPES DES STALLES BASSES

Y._Rampe D.41.

Z._Rampe D.40.

RAMPES DES STALLES BASSES

Phototypie Dujardin, Paris

Y_Rampe F.32.

Z_Rampe K.87.

RAMPES DES STALLES BASSES

Héliog. Dujardin, Paris 2 1

Y._Jouée F. 31.
(Soubassement.)

Z._Jouée L. 36.
(Soubassement.)

STALLES

Y._Rampe L.107.

Z._Rampe L.106.

RAMPES DES STALLES BASSES

Y. _Rampe J. 96._

Z. _Rampe J. 95._

RAMPES DES STALLES BASSES

Phototypie Dujardin

Héliog. Dujardin

STALLES

Jouée F 31. (Partie supérieure)

6 5 4 3 2 1

Phototyp. Dujardin

STALLES

Dorsal et pendentifs.

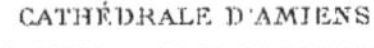

8 7 6 5

12 11 10 9

Héliog. Dujardin

18 17 16 15

STALLES

Pendentifs.

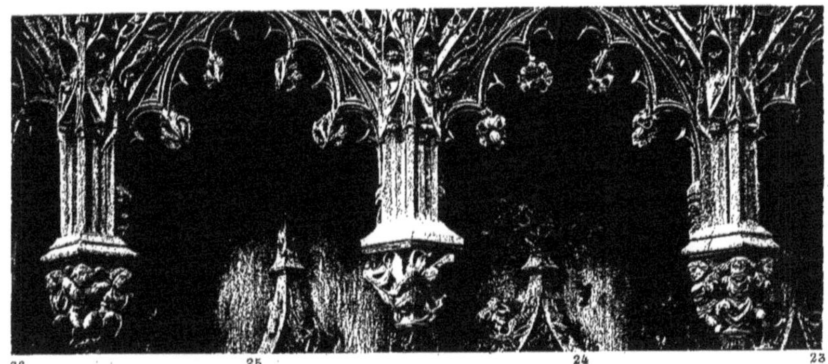

STALLES
Pendentifs.

Héliog. Dujardin

56 57 58 59 60

STALLES

Dorsal et pendentifs

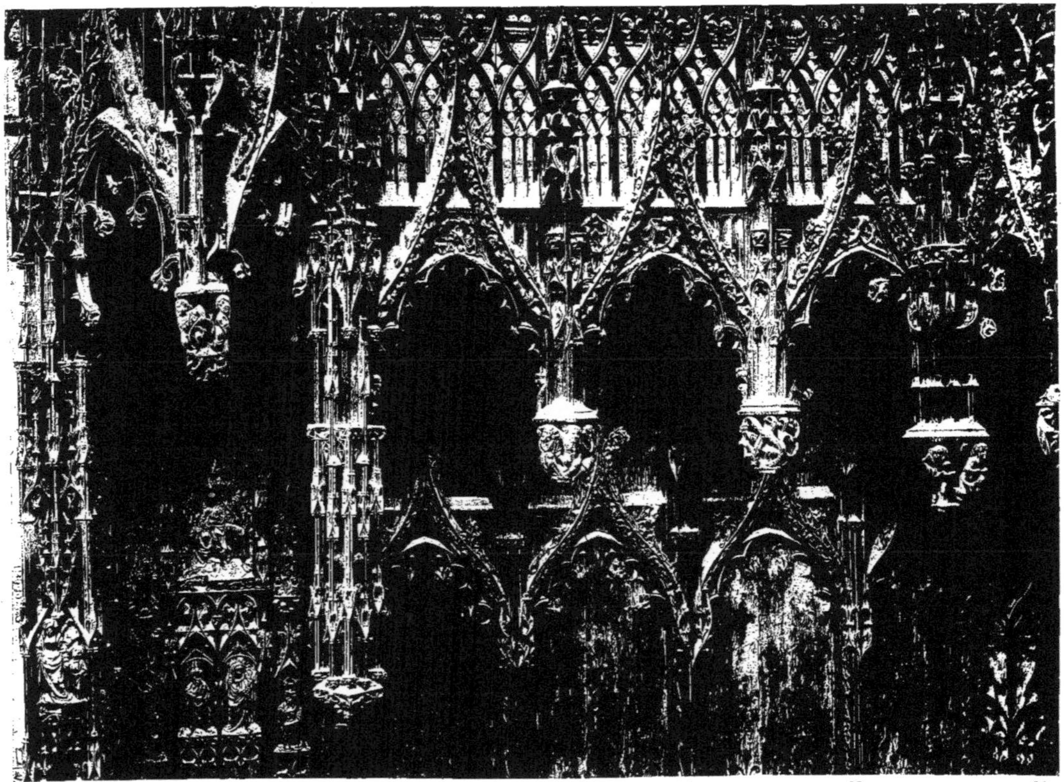

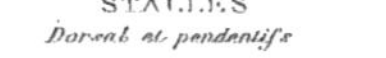

61 62 63 64

67 68 69 70

Hélioq. Dujardin

71 72 73 74

STALLES

Pendentifs

75 76 77 78

83 84 85 86

Héliog. Dujardin

79 80 81 82

STALLES

Pendentifs

TOMBEAU DU CARDINAL HÉMARD

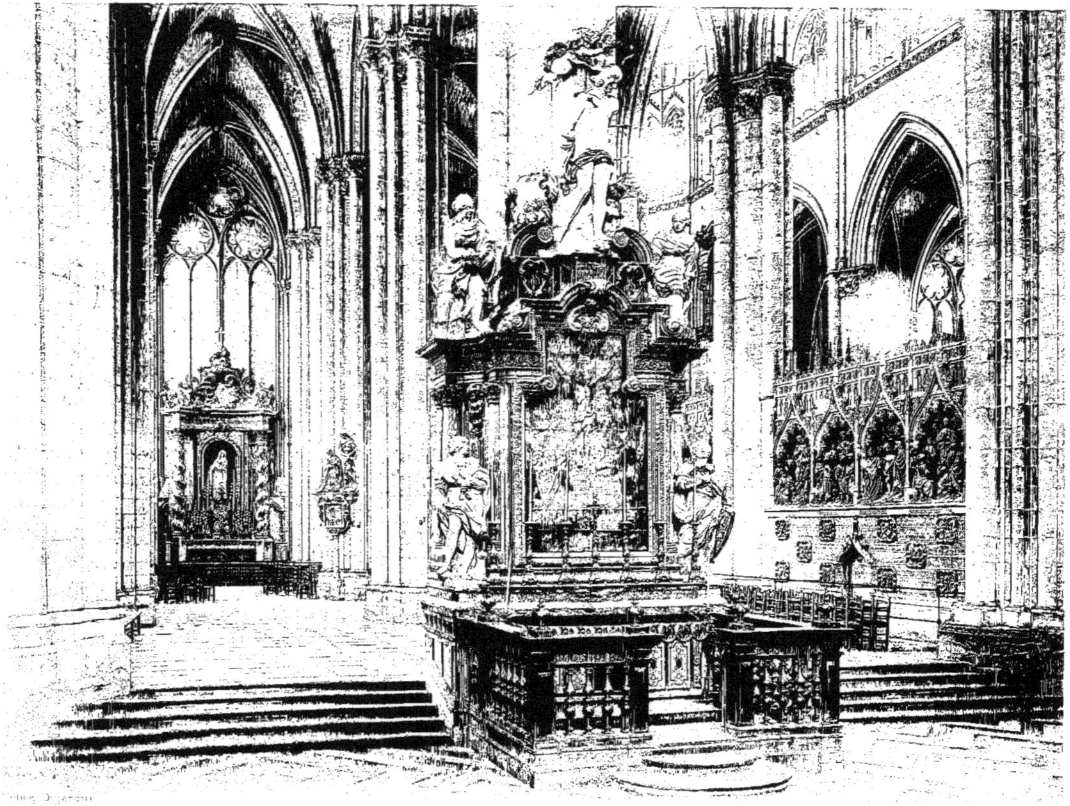

CHAPELLES SAINT-SÉBASTIEN ET NOTRE-DAME DE PITIÉ

(XV et XIX)

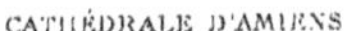

CLÔTURE DU CHŒUR

Prédication de saint Sauve

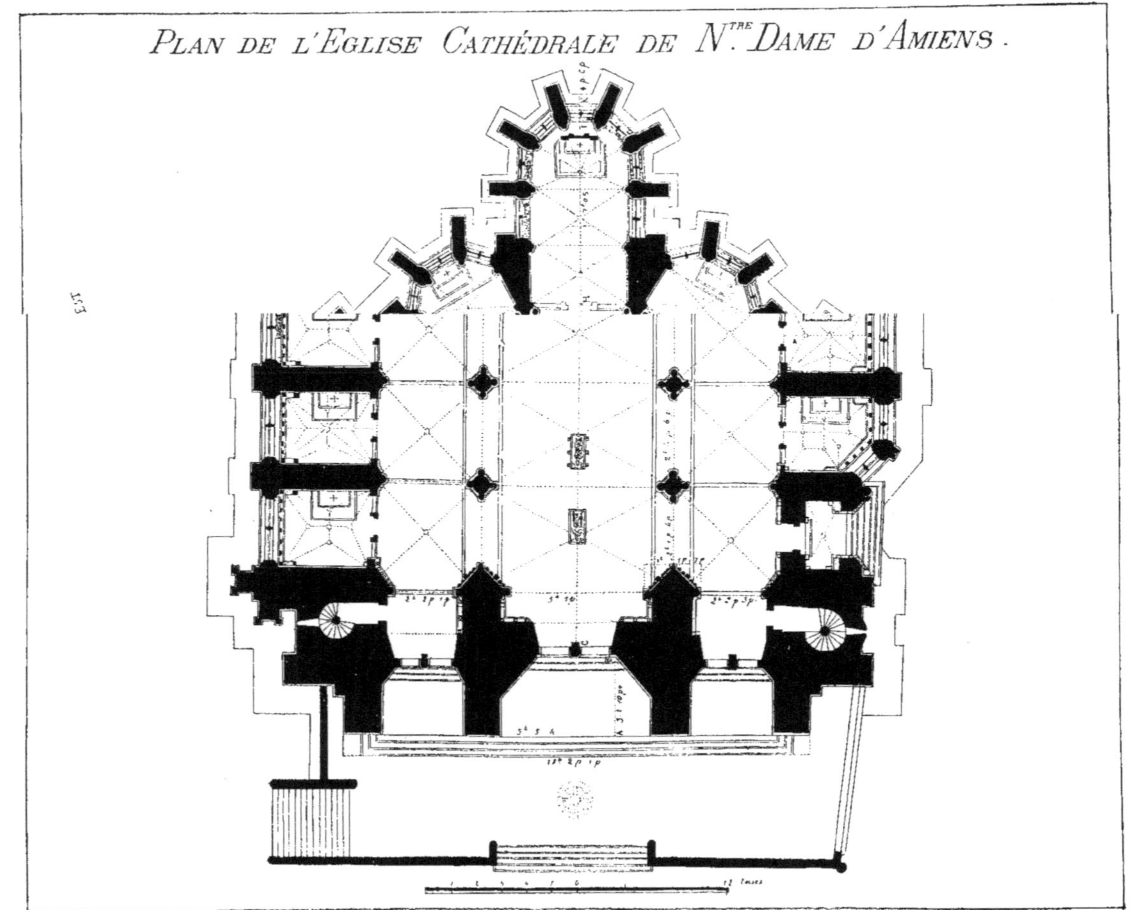

D'après l'original de 1727 appartenant à M. SOYEZ.

Héliog. Dujardin

PORTE DE LA CHAPELLE DES MACCHABÉES, ETC.

TABLEAU D'ANDRIEU DESPRES
1519, v.s.

Héliog. Dujardin

CADRE DU TABLEAU D'ANDRIEU DESPRÉS

(1519 v. s.)

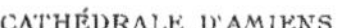

TABLEAU D'ANTOINE PICQUET
1518, v. s.

Héliog. Dujardin

CADRE DU TABLEAU D'ANTOINE PICQUET

(1518 v.s.)

TABLEAU DE LAURENT LE BOULENGIER
1521, v.s.

Héliog. Dujardin

CADRE DU TABLEAU DE LAURENT LE BOULANGIER

(1521 v. s.)

TABLEAU DE NICOLAS LE CARON
1520, v.s.

Helioġ. Dujardin

CADRE DU TABLEAU DE NICOLAS LE CARON

(1520 v.s.)

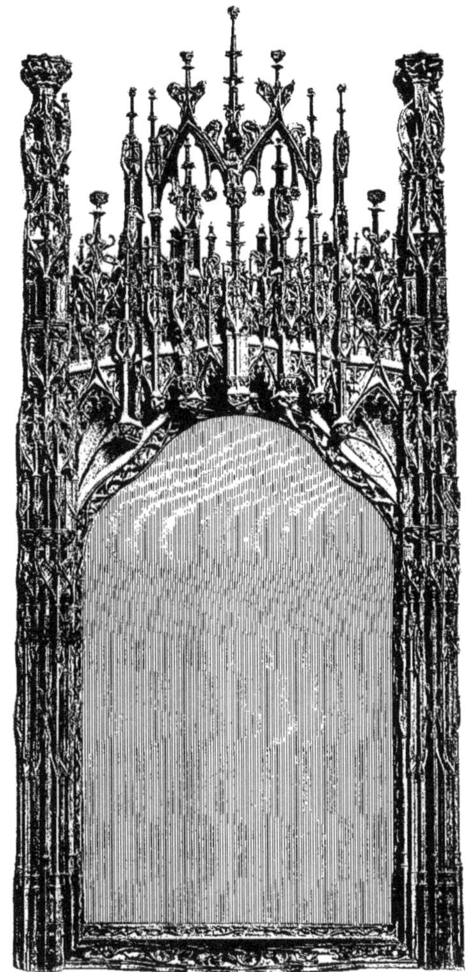

Héliog. Dujardin

CADRE DU TABLEAU DE PHILIPPE DE CONTY

(1525 n.s.)

Héliog. Dujardin

CHÂSSE DE SAINT FIRMIN

Héliog. Dujardin

CHÂSSE DE SAINT FIRMIN

Héliog. Dujardin

CHÂSSE DE SAINT FIRMIN

HÉLIOGRAVURE P. DUJARDIN

CROIX DE L'ABBAYE DU PARACLET

HÉLIOGRAVURE P. DUJARDIN

CROIX DE L'ABBAYE DU PARACLET

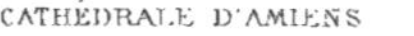

1

2

3

4

STATUES EXTÉRIEURES DES CHAPELLES IX ET XI.

Héliog. Dujardin.

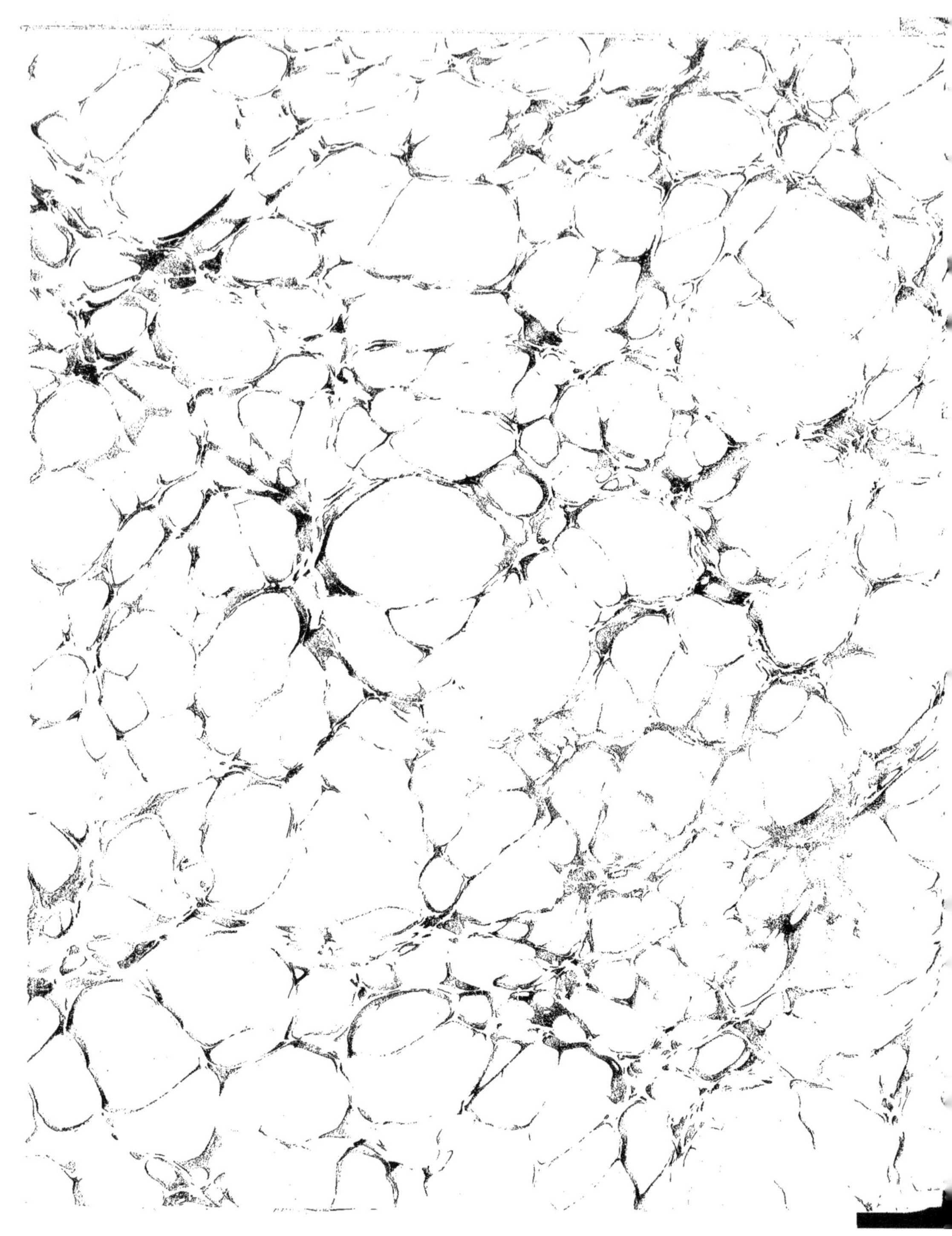

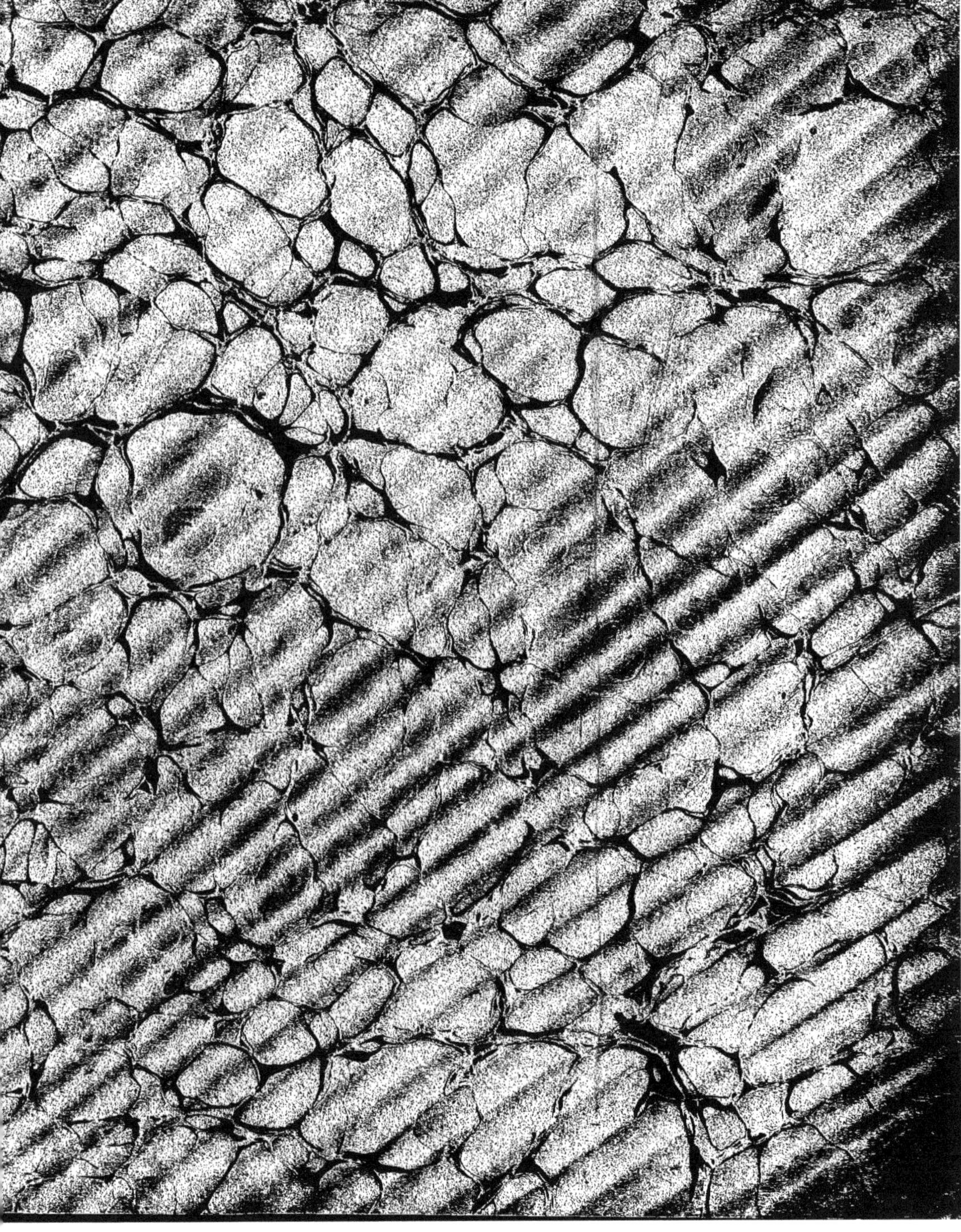

www.ingramcontent.com/pod-product-compliance
Ingram Content Group UK Ltd.
Pitfield, Milton Keynes, MK11 3LW, UK
UKHW020450200726
13857UKWH00002B/654

9 782012 923621